Flower Fairies
Im Garten

Cicely Mary Barker

Flower Fairies
Im Garten

Aus dem Englischen
von Elisabeth Stiemert

DESSART

Für
Anne, Elizabeth,
Caroline und Katherine
Watson, die dazu beitrugen,
dieses Buch zu machen.

Inhalt

Scilla
Primel und Traubenhyazinthe
Immergrün
Narzisse
Vergissmeinnicht
Tulpe
Kornblume
Nelke
Geranie
Glockenblume
Mohnblume
Schleifenblume
Phlox
Löwenmaul
Lavendel
Sonnenhut
Wicke
Heliotrop
Ringelblume

Wo sind die Elfen?

Wo sind die Elfen?
Sind sie so versteckt,
dass sie niemals zu finden,
dass sie niemand entdeckt?

Nach ihren Tänzen
in mondheller Nacht
verschwinden sie leise,
bevor ihr erwacht.

Wohin sie sich wenden?
Ich will euch erzählen,
dass sie eure Gärten
als Aufenthaltsort wählen.

Dort müsst ihr sie suchen,
und wer schauen kann,
sieht sie in den Blumen.
Jedenfalls dann und wann.

Scilla

Scilla
Scilla bifolia

Scilla, Scilla, sag genau,
warum bist du nur so blau?

Oh, ich kann auf solche Fragen
wirklich keine Antwort sagen.

Es besteht die Möglichkeit,
dass das Blau von meinem Kleid

sagen soll: So blau und rein
wird der Sommerhimmel sein.

Die Scilla, die ganz früh im Jahr blüht,
wird auch Meerzwiebel genannt.

Primel und Traubenhyazinthe

Primula und Muscari botryoides

„Guten Tag, Herr Nachbar.
Wie geht es dir?"
„Gut, liebe Primel,
genauso wie dir!

Was gibt es Neues,
hast du etwas gehört?"
„Ja ja, Herr Nachbar,
und nichts, was uns stört.

Von den Dächern die Vögel
pfeifen es ja:
Der Frühling lässt grüßen
und er wäre bald da."

Primel und Traubenhyazinthe

Immergrün

Immergrün

Vinca minor

Oft unter Sträuchern verborgen
zeige ich ganz früh im Jahr
gerne an schattigen Plätzen
meine Blüten. Und zwar
im zartesten Blau.
Hier sind sie zu sehen.
Meine Stiele sind dünn,
und die Blätter bleiben bestehen,
sind immer grün.
Sie sind glänzend und fein.
Ich bin nicht berühmt,
eher bescheiden und klein.
Bitte, schaut mich einmal an.
Ich lade euch ein.

Manche Immergrünblüten sind eher rot und ab und an findet man sogar weiße Blüten.

Narzisse

Narcissus poeticus

In der Erde tief versteckt
braune Zwiebeln schliefen.
Wurden aber aufgeweckt,
als die Amseln riefen:

„Ostern, Ostern, Osterzeit,
zeigt jetzt euer Frühlingskleid!"

Aus der Erde tief hervor,
auf schwingend langen Stielen,
recken sie sich jetzt empor,
wo Kinder fröhlich spielen.

Die Blume ist nach dem griechischen Jüngling
Narkissos benannt, der sich in sein eigenes
Spiegelbild, das er im Wasser sah, verliebte und
schließlich in eine Narzisse verwandelt wurde.

Narzisse

Vergissmeinnicht

Vergissmeinnicht
Myosotis

Elfenbabys liegen
in der Zeit, bevor sie fliegen,
mit zufriedenem Gesicht
gerne im Vergissmeinnicht.

Spielen mit den kleinen Blüten,
und wir müssen uns dann hüten,
wenn wir sie einmal entdecken,
sie nicht einfach zu erschrecken.

Leise, leise wolln wir gehen,
leise, leise, auf den Zehen,
seht, das Kind ist noch so klein,
fängt womöglich an zu schrein.

Das Vergissmeinnicht wird auch Katzenäuglein genannt.

Tulpe

Tulipa gesneriana

In den Tulpenblütenbecher
kroch ein klitzekleiner frecher
Käfer und versteckte sich,
denkt: Die Elfe findet mich.
Elfe klettert an den vielen
glatten, dicken Tulpenstielen
zu den Blüten und guckt rein.
Wo mag nur der Käfer sein?
Nein, sie kann ihn nicht entdecken.
Käfer ruft, um sie zu necken:
„Hallo, Elfe, ich bin hier,
komm doch bitte her zu mir!"
Elfe schaut jetzt nach dem Klettern
an den Stielen, auf den Blättern
traurig und auch müde drein.
Lässt das Suchen lieber sein.

Tulpe

Kornblume

Kornblume

Centaurea cyanus

Ich kam zur Welt
in einem Feld
im gelben Korn
am Wegrand – ganz vorn.

Jetzt steh ich im Garten
und um mich die zarten,
die feinen und großen
Lilien und Rosen.

Sie nicken mir zu,
sagen: „Nachbarin, du,
erzähl uns von damals im Korn
am Wegrand – ganz vorn."

Nelke

Dianthus

Nachts, wenn alle Kinder träumen
und der Mond scheint hinter Bäumen
in den Garten, kann man sehen,
wie auf leisen, leisen Zehen
kleine Elfenwesen kommen,
die sich Scheren mitgenommen.

Und dann hört man:
Schnipp, schnipp, schnapp.

Doch sie schneiden hier nichts ab.
Schneiden nur mit leichter Hand
in den Nelkenblütenrand
Fransen rundherum hinein.
Und der Sommermondenschein
gibt sein helles Licht dazu. –

Wenn es tagt, gehn sie zur Ruh.

Nelke

Geranie

Geranie

Pelargonium

Rot, rot, zinnoberrot
die Geranienblüte loht.
Ganz gleich, wo diese Blume steht,
in einem Topf, in einem Beet,
ihr verschieden roter Schein
wird immer eine Freude sein.
Geranien hier, Geranien dort,
in jedem Land, an jedem Ort.

Glockenblume

Campanula

Dort, wo Glockenblumen sind,
muss ein kleines Elfenkind
ihre Stiele kräftig schwingen,
dass die Glockenblumen klingen:
Ding, dong, dang,
ding, dong, dang.
Und dazu hört man Gesang.

Der Gesang kommt aus dem Garten,
Rosen, Nelken und die zarten
Wicken stimmen ein
in das Lied vom Sonnenschein.
Dang, dong, ding,
dang, dong, ding.
Blaue Glockenblume, kling.

Glockenblume

Mohnblume

Mohnblume

Papaver rhoeas

Wir waren scharlachrot,
als Unkraut gut bekannt,
als wir im Kornfeld wuchsen
und am Wegesrand.

Jetzt blühen wir im Garten –
in einem neuen Kleide.
Ihr seht: in einem zarten
Gewand aus feinster Seide.

Ist es genug getragen,
dann ziehen wir es aus,
und Samentöpfchen ragen
hoch in den Wind hinaus.

Schleifenblume

Iberis

Elfenjunge Iberis
wartet hier und ist gewiss,
dass gleich andre Elfen kommen,
wenn sie seinen Ruf vernommen.
Will mit ihnen Schaukeln spielen
auf den geraden Blütenstielen,
die ein Blütenkissen tragen.
Und er wird die Freunde fragen:
Wollt ihr euch auf Rosa wiegen,
oder auf Zartlila liegen?
Soll's ein weißes Kissen sein?
Soll es groß sein oder klein?
Schaukeln macht den Elfen Spaß.

Manchmal fallen sie ins Gras.

Schleifenblume

Phlox

Phlox

Phlox paniculata

August im Garten!
Jetzt blüht der Phlox.
Er blüht in den Farben
eines Sommerrocks.

Er blüht in Weiß und Rosa,
er blüht verschieden rot,
er blüht in blauen Tönen.
Welch buntes Angebot!

Nun sag mir, welche Farbe
trägst du gern nach Haus?
Am liebsten möcht ich alle
für meinen Blumenstrauß.

Phlox ist ein griechisches Wort und bedeutet Flamme.

Löwenmaul

Antirrhinum

In das Löwenmaul hinein
schlüpft sie ohne Zagen.
Hummel, Hummel – also nein!
Kannst du das denn wagen?
Wenn es zuschnappt, ja, was dann?
Dann bist du gefangen!
Hummel brummelt: „Lächerlich,
wozu soll ich bangen?"

Kriecht dann wieder rückwärts raus
und in andre Blüten.
Fliegt sie in ihr Hummelhaus,
trägt sie gelbe Tüten.

Löwenmaul

Lavendel

Lavendel

Lavandula angustifolia

Li-La-Lavendel
sing mein Kindchen, sing!
Li-La-Lavendel
lockt den Schmetterling!

Li-La-Lavendel
lockt die Bienen her,
Li-La-Lavendel
lieben alle sehr!

Li-La-Lavendel
auch im Mädchenhaar
Li-La-Lavendel
riecht er wunderbar!

Ursprünglich in den Mittelmeerländern zu Hause, kam der Lavendel schon vor mehr als tausend Jahren mit den Mönchen über die Alpen.

Sonnenhut

Rudbeckia hirta

Es kam ein Kind in den Garten,
um meine Blüten zu sehen.
Vor meinen flammenden Farben
blieb es bewundernd stehen.

Das Kind wusste nicht meinen Namen,
stand still in der Sonnenglut
und begann dann leise zu sprechen,
es nannte mich Sonnenhut.

Sonnenhut

Wicke

Wicke

Lathyrus odoratus

Die Blütenblätter schimmern
in zarter Farbenpracht,
die seidenweichen Schoten sind
zum Essen nicht gedacht.

Der Wicken-Elf, der gibt
dem Kindlein eine Mütze,
damit vor greller Sonne,
das Köpfchen sie ihm schütze.

Passt dir die Mütze, Baby?
Ja, ja, das ist zu sehen,
wie gut die Wickenfarben
den Elfenbabys stehen!

Die Heimat der wohlriechenden Wicke
ist Spanien, Süditalien und die Türkei.
Ihre Samen sind giftig!

Heliotrop

Heliotropium

Ich wachse im Garten.
Der Sommerwind
wiegt mein Blüten,
leicht und lind.

Ich leuchte und dufte.
Die Schmetterlinge,
die mich besuchen,
sind guter Dinge.

Mein Duft ist berauschend,
ist süß und ist schwer.
Wer ihn geatmet,
vergisst ihn nicht mehr.

Das Heliotrop heißt auch Sonnenwende
oder Vanillestrauch.

Heliotrop

Ringelblume

Ringelblume
Calendula officinalis

Sonne, schau zu mir herab,
goldne Sonne, sieh, ich hab
Blüten, die sind so wie du.
Sonne, hörst du mir auch zu?

Du hast Ähnlichkeit mit mir
oder besser, ich mit dir.
Doch du bist groß und ich bin klein,
und ohne dich kann niemand sein.

Du wärmst Pflanzen, Mensch und Tier,
und ich lebe auch von dir.

Die Deutsche Bibliothek – CIP-Einheitsaufnahme

Ein Titeldatensatz für diese Publikation ist bei
Der Deutschen Bibliothek erhältlich

Published by the Penguin Group
27 Wrights Lane, London W8 5TZ, England
First published 1944
This edition with new reproductions first published 1990
Text and original illustrations copyright
© The Estate of Cicely Mary Barker, 1944
New reproductions copyright
© The Estate of Cicely Mary Barker, 1990

Für die deutschsprachige Ausgabe:
© Copyright Middelhauve Verlags GmbH
für Engelbert Dessart Verlag, D-81675 München
Alle Rechte vorbehalten, auch die des auszugsweisen Abdrucks,
gleich welcher Medien

Printed in Germany

ISBN 3-89050-416-7